BEI GRIN MACHT SICH IHR WISSEN BEZAHLT

- Wir veröffentlichen Ihre Hausarbeit,
  Bachelor- und Masterarbeit

- Ihr eigenes eBook und Buch -
  weltweit in allen wichtigen Shops

- Verdienen Sie an jedem Verkauf

Jetzt bei www.GRIN.com hochladen
und kostenlos publizieren

Mirko Henze

Web 3.0: Daten sind das Öl des 21. Jahrhunderts

GRIN Verlag

Bibliografische Information der Deutschen Nationalbibliothek:

Die Deutsche Bibliothek verzeichnet diese Publikation in der Deutschen National-
bibliografie; detaillierte bibliografische Daten sind im Internet über http://dnb.d-
nb.de/ abrufbar.

Impressum:

Copyright © 2014 GRIN Verlag, Open Publishing GmbH
Druck und Bindung: Books on Demand GmbH, Norderstedt Germany
ISBN: 978-3-668-00476-4

Dieses Buch bei GRIN:

http://www.grin.com/de/e-book/301704/web-3-0-daten-sind-das-oel-des-21-jahrhun-
derts

GRIN - Your knowledge has value

Der GRIN Verlag publiziert seit 1998 wissenschaftliche Arbeiten von Studenten, Hochschullehrern und anderen Akademikern als eBook und gedrucktes Buch. Die Verlagswebsite www.grin.com ist die ideale Plattform zur Veröffentlichung von Hausarbeiten, Abschlussarbeiten, wissenschaftlichen Aufsätzen, Dissertationen und Fachbüchern.

Seminararbeit

Thema:

Web 3.0: Daten sind das Öl des 21.Jahrhunderts.

Inhaltsverzeichnis

Abbildungsverzeichnis

Abkürzungsverzeichnis

DIN	Deutsches Institut für Normung
GB	Gigabyte
HP	Hewlett-Packard
IBM	International Business Machines
IT	Informationstechnologie
OWL	Web Ontology Language
RDF	Resource Description Framework
XML	Extended Markup Language

1 Einleitung

Docendo discimus[1]

1.1 Problemstellung und Zielsetzung der Arbeit

Pro Minute werden in Deutschland rund 204 Millionen Emails verschickt und es gehen 570 neue Websites online.[2] Pro Tag sammelt Google 24 Petabyte an Daten.[3] Das Internet und seine Dimensionen wachsen von Jahr zu Jahr unaufhörlich an. Dropbox, einer der führenden Cloudspeicher-Anbieter, erhöhte im August 2014 seinen bezahlten Online-Speicher von 100 Gigabyte auf 1000 Gigabyte.[4] Er weist derzeit über 200 Millionen angemeldete Nutzer auf. Somit ist es heutzutage möglich, fast sämtliche Daten im Netz[5] abzulegen.

Aber auch Dienste wie Facebook oder Amazon wissen es geschickt, die Daten seiner Nutzer zu sammeln, zu speichern und gewinnbringend einzusetzen. Wenn man zum Beispiel auf Facebook einen Eintrag löscht, ist er nicht automatisch auch wirklich gelöscht. Er verbleibt in der Facebook-Datenbank mit dem Flag „gelöscht", ist aber für den Nutzer nicht mehr sichtbar. Das Internet vergisst nichts. Welchen Grund mag das haben? Könnten diese Daten für den Konzern in Zukunft womöglich noch hilfreich sein?

Ziel dieser Arbeit wird es sein, die These „*Web 3.0: Daten sind das Öl des 21. Jahrhunderts.*" zu analysieren. Es sollen dabei Argumente aufgeführt werden, die für und gegen diese Behauptung sprechen. Folgende Fragen sollen hierfür zur Beantwortung geführt werden:

- Wer sammelt welche Daten von uns?
- Warum sind diese gesammelten Daten so wertvoll?
- Welche Chancen und Risiken ergeben sich daraus?
- Wie hoch ist unsere Abhängigkeit von Daten?

---

[1] Lateinisch für: „Durch Lehren lernen wir"
[2] Vgl. Haufe.de (2014)
[3] Vgl. Mayer-Schönberger, Viktor / Cukier, Kenneth (2013), S. 15
[4] Vgl. Techcrunch.com (2014)
[5] Netz als Kurzform für Internet

1.2 Aufbau und Aufteilung der Arbeit

In dieser Arbeit werden zunächst grundlegende Begriffe, wie „Web 3.0", „Daten" und „Informationen" erläutert. Eine Einordnung des Begriffs Daten ist dazu zwingend erforderlich. Auch der Begriff des Big Data muss dazu analysiert werden. Im Anschluss werden die in der Einleitung genannten Fragestellungen systematisch abgearbeitet. Es werden Gründe erläutert, warum Daten erhoben werden und was sie so wertvoll macht. Auch mögliche Chancen und Risiken, die damit einhergehen, werden angesprochen. Aus diesen Erläuterungen wird dann im Anschluss über die in der Einleitung getätigte Aussage *„Daten sind das Öl des 21.Jahrhunderts"* entschieden werden. Den Schluss dieses Assignments bilden eine Zusammenfassung und kritische Reflexion getätigter Aussagen.

2 Begriffsdefinitionen

2.1 Was versteht man unter Informationen, Daten und Big Data?

Will man den Begriff der Information definieren, muss man sich bewusst werden, dass in der Verarbeitungshierarchie vor einer Information immer die Daten stehen.[6] Verwendet man dazu die DIN 44300 als Grundlage, so sind Daten „[…] *als Zeichen oder kontinuierliche Funktionen definiert, die aufgrund von bekannten oder unterstellten Abmachungen dem Zwecke der Verarbeitung dienen.*"[7] Das Institut für IT-Recht umschreibt diesen Begriff etwas abstrakter. Es postuliert: *„Daten sind Träger dessen, was durch naturgesetzliche Struktur beschreibbar ist."* Auf dieser Grundlage ist nun auch der Begriff der Information greifbar. Er ergibt sich aus der menschlichen Wertung von Daten.[8] Das bedeutet, dass reine Daten in ihrer Urform keine Aussagekraft haben. Erst mit der kognitiven Fähigkeit des Menschen, Daten zu deuten, wird ein Mehrwert oder eine Erkenntnis generiert. Anders ausgedrückt, sind Informationen nichts anderes als aufbereitete und komprimierte Daten.

Mit diesem Wissen ist nun auch der neumodische Begriff des Big Data in seinen Ansätzen zu erklären. Durch die immer weiter voranschreitende Vernetzung unserer Gesellschaft und der damit verbundenen Technologien erfolgt eine immer schnellere Generierung von großen, oft auch unstrukturierten, Datenmengen. Die drei V (siehe Abbildung 1), Volume, Variety und Velocity, dienen dabei der Charakterisierung dieses Begriffs. In Erweiterung zu dieser Definition könnten auch die Begriffe Value und Validity hinzugezählt werden. Während Value den unternehmerischen Mehrwert der Daten mit einbezieht, steht Validity, „[…] *als ein Maß für die Widerspruchsfreiheit von Daten"*. Somit soll es möglich sein, entscheidungsrelevantes Wissen, auch durch die Vielfalt von Datenquellen und –strukturen erzeugen zu können.[9]

---

[6] Vgl. IT-Infothek (2004)
[7] Wirtschaftslexikon24.com (2014)
[8] Kraska, Sebastian/ Poschmann, Rolf (2013)
[9] Vgl. Bachmann, Ronald et al (2014), S. 23ff.

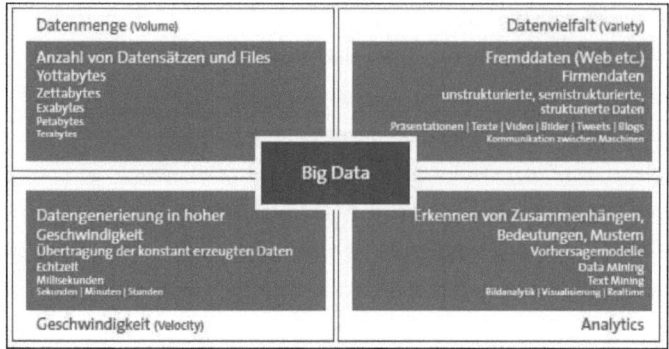

Abbildung 1 - Big Data und seine Eigenschaften[10]

Daraus ergeben sich völlig neue Möglichkeiten des Einsatzes dieser Daten. Mithilfe von Big Data wird versucht, automatisiert Informationen in Beziehung zu setzen, eigenständig auswerten zu lassen, um daraus eine Bedeutung entnehmen zu können.

Bezugnehmend auf die gestellte These, kann mit den vorliegenden Informationen geschlussfolgert werden, dass Daten, insofern man ein gewisses Ziel mit ihnen verfolgt, genau wie das Öl einen bestimmten Wert haben.

2.2 Woher kommt der Begriff Web 3.0?

Das Internet hat sich von seinem Funktionsumfang in den letzten Jahrzehnten erheblich weiterentwickelt. In seinen Anfangsstadien wurde es primär nur als Informationsquelle genutzt. Statische Webseiten ließen Informationen unidirektional zum Anwender gelangen. Diese Zeit wird heute als Web 1.0 angesehen.

Im Web 2.0, wie es Tim O'Reilly und Dale Dougherty erstmals im Jahr 2004 bezeichneten, wurde mit neuen Technologien wie Social Software oder Blogs versucht, Informationen miteinander zu verlinken.[11] In dieser Zeit spielte sich eine veränderte Wahrnehmung und Benutzung des Internets ab. Nutzer bekamen die Gelegenheit, sich aktiv an Diskussionen zu beteiligen oder selbst dynamische und damit aktuelle Inhalte zu kreieren. Aus Konsumenten wurden also auch

---

[10] BITKOM (2012), S. 21
[11] Vgl. Nesselrath, Robert (2007), S. 5ff.

Produzenten.[12] Bekannte Vertreter sind bis heute: YouTube, Wikipedia oder das soziale Netzwerk Facebook.

Über die genaue Definition des Web 3.0 sind sich Experten noch nicht einig. Fakt ist, die im ersten Abschnitt erwähnten Datenmassen sollen noch weiter miteinander verlinkt werden. Ziel ist es, eine logische Beziehung der Informationen herzustellen. Hierfür bedient man sich der Extensible Markup Language (XML), des Ressource Description Frameworks (RDF) und der Web Ontology Language (OWL). Diese Techniken des Web 2.0 dienen dabei nach John Markoff als Grundlage für weitere Entwicklungen. Dabei hervorzuheben, ist Begriff der Ontologie. Ursprünglich aus der Philosophie kommend, steht er in der Informatik für eine „*explizite, formale Spezifikation einer gemeinschaftlichen Konzeptualisierung, d.h. einem abstrakten Modell, das alle relevanten Begriffe innerhalb einer Domäne und deren Beziehungen untereinander abbildet, [...]*“.[13] Folglich soll das Internet intelligenter werden. Suchmaschinen im Web 3.0 sollen in der Lage sein, Anfragen intelligenter abzuarbeiten. Die Einbindung natürlicher Sprachen (Semantik) spielt dabei eine bedeutende Rolle.[14] In einigen Publikationen wird daher das Web 3.0 auch als semantisches Web bezeichnet.

---

[12] Vgl. ITWissen.info (2014)
[13] Sack, Harald (2010), S. 16
[14] Vgl. Wilke, Stephanie et al (o.J.), Folie 21ff. und vgl. Schibrowski, Eduard (o.J.), S. 3f.

3 Big Data im Detail

3.1 Wer welche Daten warum erhebt

Obwohl in den Medien immer die großen Player, wie Apple, Google, Facebook oder Amazon genannt werden, wenn es um die Sammlung von Datenmengen geht, steht fest, dass neun von zehn Unternehmen Daten sammeln und diese für IT-gestützte Entscheidungsprozesse bereits jetzt nutzen. Dabei vermeldet die BITKOM in einer repräsentativen Befragung, dass vor allem Stamm-, Transaktions- und Logdaten verwendet werden. Aber auch personenbezogene Daten, wie Standort, Wohnort oder Einkaufsverhalten werden mitprotokolliert und ausgewertet.[15]

Um den Sinn dahinter zu verstehen, muss nur das Ziel solcher Unternehmen verstanden werden. Google oder Facebook haben nicht nur das Ziel, ihren Nutzern nützliche Informations-Links anzubieten oder Personen in Netzwerken miteinander zu verbinden. Allein durch deren Börsennotation wird klar, dass sie das primäre Ziel haben, Umsätze mit entsprechenden Gewinnen zu generieren. Um diese Gewinne zu maximieren, wird bereits seit einigen Jahren versucht, die oben genannten Daten auszuwerten. Anhand derer kann dann z.B. speziell auf den Kunden zugeschnittene Werbung realisiert werden, mit dem Ziel, eine Erhöhung seines Absatzes zu erzeugen oder die Vermarktung ähnlicher oder neuer Produkte voranzutreiben.

Um ein Beispiel zu nennen: Beim Online-Versandhändler Amazon kann man solche Auswertungen anhand des folgenden Satzes nach einem Kauf erkennen: „Kunden, die dieses Produkt gekauft haben, kauften auch Produkt x." Allerdings handelt es sich in diesem Fall nur um die Auswertung historischer Transaktionen. Die Echtzeitverarbeitung von Daten während des Einkaufens würde dann unter das Thema Big Data fallen.

Ein weiterer Grund, Daten zu sammeln: Unternehmen schlagen direkten Profit aus deren Verkauf. Diese Strategie trifft womöglich nicht auf die oben genannten Unternehmen zu, aber auch solche Art von Geschäft ist im Netz anzutreffen.

Verallgemeinert man diese Situation, um sich einen Gesamtüberblick zu verschaffen, kann man zwei Parteien definieren. Wir alle, die Daten produzieren, indem wir Produkte, Services und Kommunikationsmedien von Internet-Firmen nutzen und die

---

[15] Vgl. BITKOM (2014), S. 6f.

Unternehmen als Datenverarbeiter. Sie versuchen die anfallenden Daten zu nutzen, indem sie diesen Gebrauch protokollieren und auswerten.[16]

3.2 Vergleich: Daten vs. Öl

Die erste Schwierigkeit, Daten mit Öl zu vergleichen, besteht darin, dass es sich bei Daten nur um ein immaterielles Gut handelt. Zwar müssen sie in irgendeiner Form auf einem physischen Datenträger abgelegt werden, so sind sie aber nicht direkt greifbar. Um den Vergleich zu präzisieren, werden im folgenden Abschnitt nur digitale Daten als Vergleichsgegenstand betrachtet. Deren Anteil stieg, im Vergleich zu analogen Daten, in den vergangenen Jahren auf über 98 Prozent der Gesamtdatenmenge auf dieser Welt an.[17] Im Folgenden werden zum Vergleich die Kriterien: Suche, Aufbereitung und die gesellschaftliche Bedeutung beider Begriffe verglichen:

1. Suche und Förderung von Öl und Daten: Was sowohl Daten als auch Öl gemein haben, ist, dass nach der Erkennung ihrer Nützlichkeit, die Suche und Förderung massiv ausgebaut wurden. Der Rohstoff Öl wurde in Deutschland erstmals im Jahr 1856 in Niedersachsen entdeckt und gefördert.[18] Das Sammeln von Daten begann bereits mit der „Erfindung" des Internets. Der wesentliche Unterschied zwischen beiden wird allerdings erst seit den letzten Jahren sichtbar. Die jährliche Steigerung der Rohölförderung erreicht in diesen Zeiten in immer mehr Ölfördergebieten sein Maximum, auch „Peak-Oil" genannt. Eine weitere Steigerung ist durch die Begrenzung dieser Ressource faktisch ausgeschlossen.[19]

Die massenhafte Datensammlung (Datenförderung) ist nur augenscheinlich weit vorangeschritten. Während es im Jahr 2011 noch 48 Stunden dauerte, um ein weltweites Datenvolumen von fünf Milliarden GB zu generieren, so dauerte dieser Vorgang im Jahr 2013 nur noch zehn Minuten.[20] Die Big Player auf diesem Gebiet sind, wie in der Einleitung bereits angesprochen, Firmen, wie Apple, Google oder Facebook. Trotzdem ist auf diesem Bereich noch kein Ende in Sicht. Durch die

---

[16] Vgl. Bachmann, Ronald et al (2014), S. 23
[17] Vgl. Mayer-Schönberger, Viktor/ Cukier, Kenneth (2013), S.16
[18] Vgl. Thoma, Claudia (2007)
[19] Vgl. Ganser, Daniele (2014)
[20] Vgl. Buchbinder, Marcel (2013)

vermehrte Digitalisierung in allen Lebensbereichen werden auch weiterhin immer mehr Daten anfallen. Eine Begrenzung, wie bei der Erdölförderung wird es nicht geben.

2. Aufbereitung von Öl und Daten: Die Tatsache, dass der Rohstoff Öl, wenn er aus der Erde gepumpt wird, noch nicht genutzt werden kann, lässt sich auf die Daten übertragen. Das bloße Ansammeln von massenhaften Datenmengen bringt nicht sofort einen Mehrwert. Es entstehen sogar zusätzliche Kosten für das Bereitstellen von Speicherkapazitäten. Bei beiden müssen erst Veredelungsprozesse angestoßen werden. Öl wird mithilfe verschiedenster Techniken raffiniert, das bedeutet aufbereitet. Erst danach kann man daraus nützliche Dinge, wie zum Beispiel Medizin, Kunststoffe oder Treibstoff herstellen. Ähnlich verhält es sich mit Daten. Um Daten zu veredeln, müssen sie analysiert werden. In Bezug auf Big Data sind die Begriffe des „Data Mining" und des „Predictive Analytics" hervorzuheben. Während das „Data-Mining" (deutsch: „Schürfen nach Daten") darauf ausgelegt ist, große Datenmengen unter Zuhilfenahme statistischer Methoden zu durchsuchen, ist es mittels der prädiktiven Analyse möglich, mittel- bis langfristig die Zukunft zu beschreiben.[21]

Des Weiteren benötigen beide, sowohl Daten als auch Öl, sogenannte Zulieferer. Während bei der Ölförderung noch Bohrtürme, Bohrgestänge und Ölpumpen zum Förderungsprozess vorausgesetzt werden, benötigt man, um Daten zu generieren, Hardware und Software. Die Big Player auf dem Gebiet der Hardwarelieferanten sind heutzutage IBM, HP, Lenovo und Dell.[22]

3. Gesellschaftliche Bedeutung von Öl und Daten: Wie bereits oben erwähnt, nimmt der Rohstoff Öl, beziehungsweise seine Extraktionsprodukte in unserer Gesellschaft einen sehr hohen Stellenwert ein. Man könnte sogar behaupten, dass wir vom Erdöl abhängig sind. Um ein Beispiel zu nennen: Durch Öl ist es möglich, dass wir uns in relativ geringer Zeit schnell von Ort zu Ort bewegen können. Ohne ihn wäre unter anderem der überregionale Handel nicht in dem Maße realisierbar, wie er momentan praktiziert wird. Dabei ist der gegenwärtige Anteil nicht-fossiler Brennstoffe im Verkehrswesen zu vernachlässigen.

---

[21] Vgl. Bachmann, Ronald et al (2014), S. 162ff.
[22] Vgl. Illik, Anton (2013), S. 23ff.

Ähnlich wird es sich mit dem Phänomen Daten abspielen. Die Initiative D21 hat in ihrer jährlichen repräsentativen Umfrage herausgefunden, dass 76,5 Prozent aller Deutschen ab 14 Jahren das Internet nutzen und jährlich werden es mehr.[23] Damit ist bewiesen, dass Deutschland sich in einer Transformation zur digitalen Gesellschaft befindet. Aber auch andere Nationen stehen an dieser Schwelle. So konnte zum Beispiel in Stockholm das Verkehrsaufkommen um 20 Prozent gesenkt werden, weil entsprechende Verkehrsdaten ausgewertet und Gegenmaßnahmen zur Verkehrs-steuerung ergriffen wurden.[24] Von Abhängigkeiten, wie es beim Öl der Fall ist, kann man zu diesem Zeitpunkt noch nicht sprechen, da der Verkehr existent ist, unabhängig davon, ob er IT-gestützt ausgewertet wird oder nicht.

3.3   Exkurs: Chancen und Risiken von Big Data

„Data beats emotions.“[25]

Um die Frage nach möglichen Chancen von Big Data zu beantworten, hat das Fraunhofer Institut IAIS 55 internationale Big-Data-Anwendungsfälle in ihrer Innovationspotenzialanalyse festgestellt.[26] Exemplarisch werden an dieser Stelle die zwei wichtigsten Potenziale aus dem wirtschaftlichen Sektor kurz erläutert:

Marketing und Vertrieb: Die Wirtschaft und das Management haben erkannt, dass mithilfe von Big-Data die Werbewirksamkeit vorher prognostiziert werden kann. Insofern ist es nicht verwunderlich, dass entsprechende Technologien vorangetrieben werden. Wenn ein Unternehmen vor Einführung einer neuen Werbestrategie bereits erahnen kann, wie erfolgreich das neue Produkt ankommt, könnten entsprechende Maßnahmen stringenter verfolgt werden. Der Prozess des Marktmonitoring wird also effizienter.

Marktnahe Produktentwicklung: An den Prozess der Marktüberwachung anknüp-fend, wird klar, dass mithilfe dieses Wissens speziell auf den Kunden zugeschnittene Produkte entwickelt werden können. Deren Absatz wäre dann garantiert. Mit der Erkenntnis, was der Kunde will oder womöglich bald wollen wird, kann ad-hoc reagiert werden, um diese Bedürfnisse zu befriedigen.

---

[23] Vgl. Initiative D21 (2013), S. 16ff.
[24] Vgl. BITKOM (2013)
[25] Zitat von Sean Rad, Gründer von Ad.ly
[26] Vgl. Fraunhofer-Institut IAIS (2012), S. 3ff.

Energieversorgung: Aber nicht nur die Wirtschaft kann von Big Data profitieren. In der kürzlich abgehaltenen Auftaktveranstaltung des „Forums Digitale Gesellschaft", bestehend aus Vertretern aus Wirtschaft, Zivilgesellschaft und Wissenschaft, wurden einige mögliche Chancen von Big Data angesprochen. Um nur ein Beispiel zu nennen: Eine intelligente Energieversorgung, gespeist mit aktuellen Verbrauchsdaten wäre in der Lage, tageszeitabhängig immer den günstigsten Strom zu beziehen.[27]

Neben diesen möglichen Vorteilen von Big Data dürfen die Risiken nicht in den Hintergrund geraten. Eine solch weitreichende Datenanhäufung birgt immer die Gefahr, dass diese auch anderweitig genutzt wird. Interessant wird es dann, wenn anhand von Big Data Einstufungen vorgenommen werden. Online-Unternehmen die Kredite vergeben, bewerten schon heute die Kreditwürdigkeit möglicher Kunden anhand kleinster Anzeichen.

Ein weiteres Beispiel: Wer durch eine Smart-Watch seinen Körperfunktionen überwachen lässt, könnte dadurch in der Zukunft bestimmte Rabatte bei der Krankenkasse bekommen. Der negative Aspekt dieser Seite: wenn nun die Krankenkasse aus den gewonnenen Daten schlussfolgert, dass man nicht genug für seine Gesundheit gemacht hat oder bestimmte Erkrankungen vorliegen (Diabetes), könnten Beitragserhöhungen die Folge sein. Weiterhin würde die Gefahr bestehen, dass Personen, die sich keiner Überwachung unterziehen, um so viele Informationen preiszugeben, mehr zahlen, ob sie nun gesund sind oder nicht.

Durch Big Data könnte es zu einer Übertragung des menschlichen Lebens auf Effizienzkriterien kommen. Aufgrund dieser vergrößerten Wirklichkeit der Kontrolle müsste man zukünftig nicht nur bei der Arbeit, sondern auch in der Freizeit produktiv und vernünftig sein, um keine Nachteile zu erfahren. Vor allem junge Leute, die sich solche Nachteile nicht leisten können, wären betroffen. Es besteht die allgegenwärtige Gefahr, von Algorithmen entmündigt zu werden

Im Gegensatz zu den großen Neuerungen der vergangenen Jahrzehnte gibt es einen bedeutsamen Unterschied: Früher konnte man entscheiden, ob man eine neue Technik nutzt. Bei einer Ausweitung von Big Data könnte man sich nicht dagegen wehren, auf ein Muster reduziert zu werden. Die Folge: wer keine Daten preisgäbe,

---

[27] Vgl. Bundesministerium des Innern (2014)

wäre umso verdächtiger. Wer anonym und nicht zuzuordnen wäre, würde darunter leiden.[28]

3.4 Schlussfolgerung für die These

Betrachtet man die zurückliegende Analyse kommt man zu der Erkenntnis, dass Daten in ihrer Bedeutung für die Gesellschaft sehr große Ähnlichkeiten mit dem Öl aufweisen. Zwar befinden wir uns, was die Vorteile dieses „Rohstoffs" angeht, noch in den Startlöchern, jedoch lassen sich bereits jetzt die Potentiale kaum abschätzen. Hier gilt es alle Bereiche der Gesellschaft, sowohl die Politik, die Wirtschaft, die Wissenschaft, als auch die Bürger gleichermaßen zu beteiligen, um technologische Lösungen zu entwickeln als auch rechtliche Rahmenbedingungen abzustecken. Wichtige Fragestellungen, wie zum Beispiel: „Wem gehören anfallende Daten?" oder „Wer hat das Recht, Daten zu sammeln?" müssen dabei umgehend beantwortet, in entsprechenden Verordnungen festgehalten und überwacht werden.

---

[28] Vgl. LetsDenk (2014)

4 Schlussbetrachtung

4.1 Zusammenfassung

Bezugnehmend auf das gesetzte Ziel dieser Arbeit, die These „Web 3.0 - Daten sind das Öl des 21. Jahrhunderts" zu analysieren, wurde zunächst darauf eingegangen, in welchem Verhältnis der Begriff Big Data zu dieser Behauptung einzuordnen ist. Nachdem sich herausgestellt hat, dass bereits heute große Datenmengen IT-gestützt ausgewertet werden, kommt man zur Schlussfolgerung, dass die Wichtigkeit von Daten für die Gesellschaft des 21. Jahrhunderts, genau wie der Rohstoff Öl im 19. und 20. Jahrhundert, zugenommen hat und noch weiter zunehmen wird. Nachdem mögliche Risiken angesprochen wurden, wurde verdeutlicht, dass es auf dem Weg zur Ausweitung der Nutzung von Big Data noch einige Fragen bezüglich des Datenschutzes und der Verwendung von Daten zu klären sind.

4.2 Kritische Auseinandersetzung

Kritisch anzumerken ist außerdem, dass vielen Internetnutzern der Trend und das Ausmaß der massenhaften Datenauswertung durch Big Data gar nicht bewusst sind. Je unerfahrener ein Internetnutzer ist, desto freigiebiger ist er, wenn es darum geht, Daten im Netz zu hinterlassen, immer mit dem Bewusstsein, er habe nichts zu verbergen.

Sollte es zum Beispiel einmal dazu kommen, dass Regierungen unpopuläre beziehungsweise nach dem gesunden Menschenverstand als unrechtmäßig einzuschätzende Entscheidungen treffen, könnten gerade die Personen, die sich dagegen aktiv zur Wehr setzen, durch die im Netz vorhandenen Daten, dann womöglich durch Geheimdienste in kompromittierende Situationen gebracht werden. Einige, aus den Medien bekannte und bis heute noch nicht restlos aufgeklärte Vorfälle mit Whistleblowern belegen dies.

Literaturverzeichnis

Bachmann, Ronald/ Gerzer, Thomas/ Kemper, Guido (2014)
Big Data: Fluch oder Segen – Unternehmen im Spiegel gesellschaftlichen Wandels, Heidelberg: mitp (Verlagsgruppe Hüthig Jehle Rehm GmbH) (1.Auflage)

BITKOM (2012)
Publikation der BITKOM auf bikom.org aus dem Jahr 2012 mit dem Titel: „Big Data im Praxiseinsatz – Szenarien, Beispiele, Effekte"; URL:
http://www.bitkom.org/files/documents/BITKOM_LF_big_data_2012_online(1).pdf mit Abruf vom 18.10.2014

BITKOM (2013)
Presseinformation der BITKOM auf bitkom.org aus dem Jahr 2013 mit dem Titel: „Daten sind der wichtigste Rohstoff der digitalen Welt"; URL:
http://www.bitkom.org/de/presse/78284_75285.aspx mit Abruf vom 23.10.2014

BITKOM (2014)
Befragung der BITKOM aus dem Jahr 2014 mit dem Titel: „Potenziale und Einsatz von Big Data – Ergebnisse einer repräsentativen Befragung von Unternehmen in Deutschland; URL:
http://www.bitkom.org/files/documents/Studienbericht_Big_Data_in_deutschen_Unt ernehmen.pdf mit Abruf vom 19.10.2014

Buchbinder, Marcel (2013)
Artikel auf PCWelt.de mit dem Titel: „Big Data – Vermessung einer Realität"; URL:
http://www.pcwelt.de/ratgeber/Big_Data_-_Vermessung_der_Realitaet-IT-Wissen-7793308.html mit Abruf vom 22.10.2014

Bundesministerium des Innern (2014)
Nachricht auf der Seite des BMI in der Kategorie „Gesellschaft und Verfassung" mit dem Titel: „Expertenrunde „Big Data – eine Herausforderung für den Datenschutz"; URL:
http://www.bmi.bund.de/SharedDocs/Kurzmeldungen/DE/2014/08/expertenrunde-big-data.html mit Abruf vom 24.10.2014

Fraunhofer-Institut IAIS (2012)
Studie des Fraunhofer-Instituts für intelligente Analyse- und Informationssysteme IAIS mit dem Titel: „Big Data – Vorsprung durch Wissen"; URL:
https://www.fraunhofer.de/content/dam/zv/de/forschungsthemen/kommunikation/big data/Innovationspotenzialanalyse_Big-Data_Fraunhofer-IAIS.pdf mit Abruf vom 24.10.2014

Ganser, Daniele (2014)
Interview auf Youtube.com von KenFm mit Daniel Ganser (Historiker, Friedens- und Energieforscher) vom 15.03.2014; URL: http://www.youtube.com/watch?v=Jyj-ofBUILw mit Abruf vom 22.10.2014

Haufe.de (2014)
Artikel auf der Internetseite Haufe.de mit dem Titel: „Big Data – Information ist das Öl des 21. Jahrhunderts"; URL:
http://www.haufe.de/controlling/controllerpraxis/big-data-information-ist-das-oel-des-21-jahrhunderts_112_256920.html mit Abruf vom 07.10.2014

Illik, Anton (2013)
Vortragsfolien zum Thema: „Web 3.0 – Daten sind das Öl des 21. Jahrhunderts" an der Hochschule Furtwangen University; URL: http://prezi.com/_qsoev4cspzg/web-30-daten-sind-das-ol-des-21-jahrhunderts/ mit Abruf vom 24.10.2014

Initiative D21 (2013)
Studie der Initiative D21, durchgeführt von TNS Infratest mit dem Titel: „D21-Digital-Index – Auf dem Weg in ein digitales Deutschland?!"; URL:
http://www.initiatived21.de/wp-content/uploads/2013/04/digitalindex.pdf mit Abruf vom 23.10.2014

ITWissen.info (2014)
Artikel im Internetlexikon der Informationstechnologie ITWissen.info mit dem Titel: „Web 3.0"; URL: http://www.itwissen.info/definition/lexikon/Web-3-0-web-3-0.html mit Abruf vom 19.10.2014

IT-Infothek (2004)
Artikel auf der Internetseite it-infothek.de mit dem Titel: Wirtschaftsinformatik (Bachelor-Studiengang): Grundlagen der Kommunikationstechnik (4.Semester); URL: http://www.it-infothek.de/fhtw/semester_4/grdlkt_4_00.html mit Abruf vom 18.10.2014

Kraska, Sebastian/ Poschmann, Rolf (2013)
Artikel auf der Internetseite „Das Datenschutz-Blog – Datenschutzbeauftragter online – Blog zu Datenschutz und Datensicherheit" mit dem Titel: „Datenschutz-Definition: Was sind Daten?"; URL: http://www.datenschutzbeauftragter-online.de/datenschutz-definition-was-sind-daten/6760/ mit Abruf vom 18.10.2014

LetsDenk (2014)
Video auf Youtube.com mit dem Titel: „Big Data – Revolution ohne Entkommen"; URL: http://www.youtube.com/watch?v=DusV8hfDXSg mit Abruf vom 24.10.2014

Mayer-Schönberger, Viktor/ Cukier, Kenneth (2013)
Big Data – Die Revolution, die unser Leben verändern wird. München: Redline Verlag, (1.Auflage)

Nesselrath, Robert (2007)
Seminararbeit mit dem Titel: „Web 3.0 – A.I. Tools Seminar" an der Universität des Saarlandes im Wintersemester 2006/2007; URL:
http://www.dfki.de/~kipp/seminar_ws0607/reports/RobertNesselrath.pdf mit Abruf vom 19.10.2014

Sack, Harald (2010)
Semantische Suche – Theorie und Praxis am Beispiel der Videosuchmaschine
yoviso.com, in: Hensgartner, Urs/ Meier, Andreas (2010/Hrsg.): Web 3.0 &
Semantic Web, Heidelberg: dpunkt Verlag, S. 13-25

Schibrowski, Eduard (o.J.)
Seminararbeit an der Universität Konstanz mit dem Titel: „Web 3.0: das Ende von
Google"; URL: http://www.inf.uni-
konstanz.de/dbis/teaching/ws0708/web/essays/paper_schibrowski.pdf mit Abruf vom
19.10.2014

Techcrunch.com (2014)
Artikel auf der Internetseite Techcrunch.com mit dem Titel: „Dropbox Beefs Up Ist
Pro Feature Set, Now Offering 1TB Of Storage For $10/Month"; URL:
http://techcrunch.com/2014/08/27/dropbox-pro-update/ mit Abruf vom 08.10.2014

Thoma, Claudio (2007)
Artikel auf Deutschlandradiokultur.de mit dem Titel: „150 Jahre Öl von der
Waterkant"; URL: http://www.deutschlandradiokultur.de/150-jahre-oel-von-der-
waterkant.1001.de.html?dram:article_id=156265 mit Abruf vom 22.10.2014

Wilke, Stephanie et al (o.J.)
Seminar mit dem Thema: „Moderne Web Technologien" an der Freien Universität
Berlin; URL: http://www.ag-nbi.de/lehre/07/S_MWT/Material/10_Web_3_0.pdf mit
Abruf vom 19.10.2014

Wirtschaftslexikon24.com (2014)
Eintrag auf der Internetseite wirtschaftslexikon24.com mit dem Titel: „Information";
URL: http://www.wirtschaftslexikon24.com/d/information/information.htm mit
Abruf vom 18.10.2014